URANO

Alexis Roumanis

SPANISH & ENGLISH eBOOKS
AV²
BY WEIGL™
ADDED VALUE • AUDIO VISUAL

www.av2books.com

El enriquecido libro electrónico AV² te ofrece una experiencia bilingüe completa entre el inglés y el español para aprender el vocabulario de los dos idiomas.

This AV² media enhanced book gives you a fully bilingual experience between English and Spanish to learn the vocabulary of both languages.

Spanish

English

Navegación bilingüe AV²
AV² Bilingual Navigation

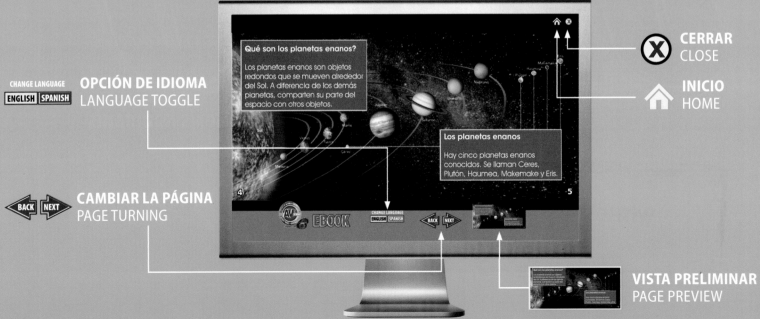

CERRAR
CLOSE

INICIO
HOME

OPCIÓN DE IDIOMA
LANGUAGE TOGGLE

CAMBIAR LA PÁGINA
PAGE TURNING

VISTA PRELIMINAR
PAGE PREVIEW

URANO

ÍNDICE

2   Código del libro de AV[2]

4   ¿Qué es Urano?

6   ¿Qué tamaño tiene Urano?

8   ¿De qué está hecho Urano?

10   ¿Qué aspecto tiene Urano?

12   ¿Qué son los anillos de Urano?

14   ¿Qué son las lunas de Urano?

16   ¿Quién descubrió a Urano?

18   ¿En qué se diferencia Urano de la Tierra?

20   ¿Cómo tenemos información sobre Urano hoy?

22   Datos sobre Urano

¿Qué es Urano?

Urano es un planeta que se mueve alrededor del Sol. Urano es el séptimo planeta desde el Sol.

Sol

Mercurio

Venus

Tierra

Marte

Ceres

Júpiter

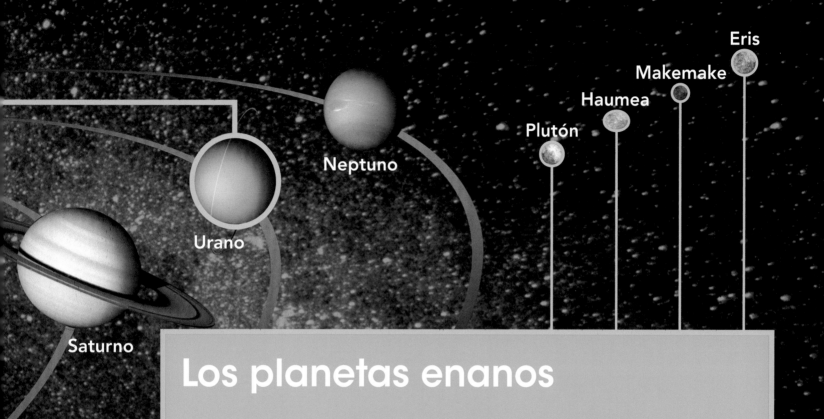

Eris

Makemake

Haumea

Plutón

Neptuno

Urano

Saturno

Los planetas enanos

Los planetas enanos son objetos redondos que se mueven alrededor del Sol. A diferencia de los demás planetas, comparten su parte del espacio con otros objetos.

¿Qué tamaño tiene Urano?

Urano es el tercer planeta más grande del sistema solar. Es casi cuatro veces más ancho que la Tierra.

Urano

Tierra

7

¿De qué está hecho Urano?

Urano es un planeta muy grande hecho de hielo. Se lo llama el gigante de hielo. Urano tiene un centro líquido.

9

10

¿Qué aspecto tiene Urano?

Urano es azul brillante. Las nubes de gas le dan ese color. Visto de cerca, estas nubes de gas parecen franjas.

¿Qué son los anillos de Urano?

Urano tiene anillos que forman círculos a su alrededor. Están hechos de hielo y polvo. Hay 13 anillos conocidos alrededor del planeta.

13

Oberón

Umbriel

Miranda

Urano

Ariel

14

¿Qué son las lunas de Urano?

Urano tiene 27 lunas conocidas. Una luna tiene grietas muy profundas. Se llama Miranda.

Miranda

¿Quién descubrió a Urano?

William Herschel descubrió a Urano en 1781. Lo encontró por accidente.

17

18

¿En qué se diferencia Urano de la Tierra?

Todos los planetas giran. Urano no gira igual que la Tierra. Urano es el único planeta que gira de costado.

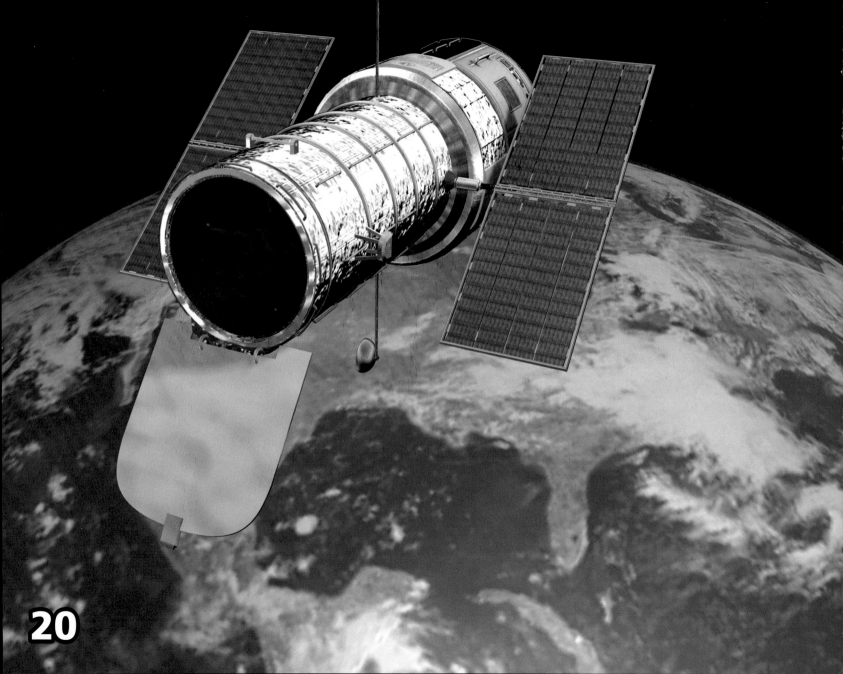

¿Cómo tenemos información sobre Urano hoy?

Los telescopios nos permiten ver objetos muy lejanos. El *Hubble* es un telescopio espacial especial. Ha encontrado dos lunas nuevas alrededor de Urano.

DATOS SOBRE URANO

Estas páginas contienen más detalles sobre los interesantes datos de este libro. Están dirigidas a los adultos, como soporte, para que ayuden a los jóvenes lectores a redondear sus conocimientos sobre cada planeta presentado en la serie *Los planetas*.

Páginas 4–5

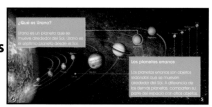

Urano es un planeta. Los planetas son objetos redondos que se mueven, u orbitan, alrededor de una estrella y tienen la suficiente masa para limpiar a los objetos más pequeños de sus órbitas. El sistema solar de la Tierra tiene ocho planetas, cuatro planetas enanos conocidos y muchos otros objetos espaciales que orbitan alrededor del Sol. Urano está a 1.784 millones de millas (2.871 millones de kilómetros) del Sol. Urano tarda 30.688 días terrestres en orbitar alrededor del Sol.

Páginas 6–7

Urano es el tercer planeta más grande del sistema solar. Es casi tan grande como el planeta Neptuno. La gravedad es una fuerza que atrae a los objetos hacia el centro de un planeta. La fuerza de gravedad de Urano es menor que la de la Tierra. Un objeto terrestre de 100 libras (45 kilogramos) pesaría 91 libras (41 kg) en Urano.

Páginas 8–9

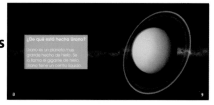

Urano es un planeta muy grande hecho de hielo. La atmósfera son gases que rodean a un planeta. Los gigantes de hielo tienen más hielo en sus atmósferas que los demás planetas. La atmósfera de Urano está compuesta por varios gases, como hidrógeno, helio y algo de metano. Casi el 80 por ciento de la masa de Urano se concentra en su centro, o núcleo, de hielo. Urano es el planeta más frío del sistema solar.

Páginas 10–11

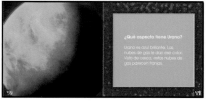

Urano es azul brillante. Al igual que en Neptuno, el gas metano de la atmósfera es lo que le da a Urano su color. Cuando la luz del sol atraviesa la atmósfera de Urano, el gas metano absorbe los rayos de luz rojos. Cuando las nubes de Urano reflejan la luz del sol en el espacio, se genera un color azul verdoso. Urano también tiene unas franjas muy tenues que solo pueden verse en imágenes optimizadas.

Páginas 12–13

Urano tiene anillos que forman círculos a su alrededor.
Los científicos creyeron alguna vez que Saturno era el único planeta con anillos. En 1977, James Ludlow Elliot observó que los anillos de Urano bloqueaban la luz al pasar por delante de una estrella. Se sorprendió al descubrirlo. Desde entonces, los científicos han descubierto anillos más pequeños dentro de los 13 anillos principales. Los llamaron "bucles".

Páginas 14–15

Urano tiene 27 lunas conocidas. Los científicos creen que la mayoría de las lunas de Urano son de roca y hielo en partes iguales. Miranda tiene cañones que son 12 veces más profundos que el Gran Cañón de la Tierra. Miranda tiene solo unas 311 millas (500 km) de ancho y muy poca gravedad. Si se arrojara una piedra desde el acantilado más alto de Miranda, tardaría 10 minutos en llegar al suelo.

Páginas 16–17

William Herschel descubrió a Urano en 1781. Trabajaba como organista cuando descubrió al planeta el 13 de marzo de 1781. En su tiempo libre, Herschel construía telescopios y estudiaba las estrellas. Su descubrimiento lo hizo famoso. Rápidamente se convirtió en el principal astrónomo del rey de Inglaterra.

Páginas 18–19

Todos los planetas giran. Esto se llama rotación. Urano gira horizontalmente sobre su eje, mientras que la Tierra gira en forma vertical. Los científicos creen que Urano recibió el impacto de al menos dos objetos del tamaño de un planeta. Esto hizo que se inclinara 98 grados hacia un costado. Los científicos creen que las colisiones ocurrieron hace billones de años.

Páginas 20–21

Los telescopios nos permiten ver objetos muy lejanos. Hoy, la NASA (Administración Nacional de la Aeronáutica y el Espacio) utiliza al Telescopio Espacial *Hubble* para tomar fotografías de Urano. Estas fotos muestran que en el planeta suele haber fuertes tormentas. Otras muestran que los anillos exteriores de Urano tienen un color brillante. Los científicos están trabajando en ideas para enviar nuevas sondas espaciales a Urano.

¡Visita www.av2books.com para disfrutar de tu libro interactivo de inglés y español!

Check out www.av2books.com for your interactive English and Spanish ebook!

1 **Entra en www.av2books.com**
Go to www.av2books.com

2 **Ingresa tu código**
Enter book code

M 5 2 2 7 5 5

3 **¡Alimenta tu imaginación en línea!**
Fuel your imagination online!

www.av2books.com

Published by AV² by Weigl
350 5ᵗʰ Avenue, 59ᵗʰ Floor
New York, NY 10118
Website: www.av2books.com

Library of Congress Control Number: 2015954042

ISBN 978-1-4896-4455-8 (hardcover)
ISBN 978-1-4896-4457-2 (multi-user eBook)

Printed in the United States of America in Brainerd, Minnesota
1 2 3 4 5 6 7 8 9 0 20 19 18 17 16

042016
101515

Project Coordinator: Jared Siemens
Spanish Editor: Translation Cloud LLC
Art Director: Terry Paulhus

Weigl acknowledges Getty Images and iStock as the primary image suppliers for this title.